This Recipe Book
is the property of:

—————————————————————

 # Recipes in this book

1
2
3
4
5
6
7
8
9
10
11
12
13
14
15
16
17
18
19
20
21
22
23
24
25

26 _____
27 _____
28 _____
29 _____
30 _____
31 _____
32 _____
33 _____
34 _____
35 _____
36 _____
37 _____
38 _____
39 _____
40 _____
41 _____
42 _____
43 _____
44 _____
45 _____
46 _____
47 _____
48 _____
49 _____
50 _____

Notes

Recipe Name _____

Cooking Time: 🕐 _____   **Rating:** ☹ ☆ ☆ ☆ ☆ ☆ 😊

Ingredients

_____   _____

_____   _____

_____   _____

_____   _____

_____   _____

_____   _____

Serves: _____   **Difficulty::** ☆ ☆ ☆ ☆ ☆

Method

_____

_____

_____

_____

_____

_____

_____

Suitable For Freezing: 🌡 Yes / No

Recipe Name _____

Cooking Time: 🕐 _____   **Rating:** ☹ ☆☆☆☆☆ 😀

Ingredients

_____   _____
_____   _____
_____   _____
_____   _____
_____   _____
_____   _____

Serves: _____   **Difficulty::** ☆☆☆☆☆

Method

_____
_____
_____
_____
_____
_____
_____

Suitable For Freezing: Yes / No

Recipe Name _____

Cooking Time: 🕐 _____ **Rating:** ☹ ☆☆☆☆☆ 😀

Ingredients

_____   _____
_____   _____
_____   _____
_____   _____
_____   _____
_____   _____

Serves: _____   **Difficulty::** ☆☆☆☆☆

Method

_____
_____
_____
_____
_____
_____
_____
_____

Suitable For Freezing: 🌡 Yes / No

Recipe Name _____

Cooking Time: 🕐 _____

Rating: ☹ ☆ ☆ ☆ ☆ ☆ 😃

Ingredients

_____   _____

_____   _____

_____   _____

_____   _____

_____   _____

_____   _____

Serves: _____   **Difficulty::** ☆ ☆ ☆ ☆ ☆

Method

_____

_____

_____

_____

_____

_____

_____

Suitable For Freezing: Yes / No

Recipe Name

Cooking Time: 🕐 _____

Rating: ☹ ☆☆☆☆☆ 😊

Ingredients

_____   _____

_____   _____

_____   _____

_____   _____

_____   _____

_____   _____

Serves: _____   **Difficulty::** ☆☆☆☆☆

Method

_____

_____

_____

_____

_____

_____

_____

Suitable For Freezing: Yes / No

Recipe Name

Cooking Time: 🕐 _____

Rating: ☹ ☆☆☆☆☆ 😀

Ingredients

_____

_____

_____

_____

_____

_____

_____

_____

_____

_____

_____

_____

Serves: _____

Difficulty:: ☆☆☆☆☆

Method

_____

_____

_____

_____

_____

_____

_____

_____

Suitable For Freezing: Yes / No

Recipe Name _____

Cooking Time: 🕐 _____ **Rating:** ☹ ☆ ☆ ☆ ☆ ☆ 😀

Ingredients

_____ _____

_____ _____

_____ _____

_____ _____

_____ _____

_____ _____

Serves: _____ **Difficulty::** ☆ ☆ ☆ ☆ ☆

Method

_____

_____

_____

_____

_____

_____

_____

Suitable For Freezing: 🌡 Yes / No

Recipe Name

Cooking Time: 🕐 _____

Rating: ☹ ☆ ☆ ☆ ☆ ☆ 😀

Ingredients

_____   _____

_____   _____

_____   _____

_____   _____

_____   _____

_____   _____

Serves: _____

Difficulty:: ☆ ☆ ☆ ☆ ☆

Method

_____

_____

_____

_____

_____

_____

_____

_____

Suitable For Freezing: Yes / No

Recipe Name

Cooking Time: 🕐 _____

Rating: ☹ ☆ ☆ ☆ ☆ ☆ 😃

Ingredients

_____   _____

_____   _____

_____   _____

_____   _____

_____   _____

_____   _____

Serves: _____

Difficulty:: ☆ ☆ ☆ ☆ ☆

Method

_____

_____

_____

_____

_____

_____

_____

Suitable For Freezing: 🌡 Yes / No

Recipe Name _____

Cooking Time: 🕐 _____   **Rating:** ☹ ☆☆☆☆☆ 😀

Ingredients

_____   _____
_____   _____
_____   _____
_____   _____
_____   _____
_____   _____

Serves: _____   **Difficulty::** ☆☆☆☆☆

Method

_____
_____
_____
_____
_____
_____
_____
_____

Suitable For Freezing: Yes / No

Recipe Name _____

Cooking Time: 🕐 _____ **Rating:** 😟 ☆☆☆☆☆ 😃

Ingredients

_____   _____

_____   _____

_____   _____

_____   _____

_____   _____

_____   _____

Serves: _____ **Difficulty::** ☆☆☆☆☆

Method

_____

_____

_____

_____

_____

_____

_____

Suitable For Freezing: 🌡   Yes / No

Recipe Name _____

Cooking Time: 🕐 _____   **Rating:** 😞 ☆☆☆☆☆ 😀

Ingredients

_____   _____
_____   _____
_____   _____
_____   _____
_____   _____
_____   _____

Serves: _____   **Difficulty::** ☆☆☆☆☆

Method

_____
_____
_____
_____
_____
_____
_____
_____

Suitable For Freezing: Yes / No

Recipe Name

Cooking Time: 🕐 _____

Rating: ☹ ☆☆☆☆☆ 😄

Ingredients

_____   _____

_____   _____

_____   _____

_____   _____

_____   _____

_____   _____

Serves: _____   **Difficulty::** ☆☆☆☆☆

Method

_____

_____

_____

_____

_____

_____

_____

Suitable For Freezing: 🌡 Yes / No

Recipe Name

Cooking Time: 🕐 _____

Rating: ☹ ☆☆☆☆☆ 😃

Ingredients

_____   _____

_____   _____

_____   _____

_____   _____

_____   _____

_____   _____

Serves: _____

Difficulty:: ☆☆☆☆☆

Method

_____

_____

_____

_____

_____

_____

_____

_____

Suitable For Freezing: Yes / No

Recipe Name

Cooking Time: 🕐 _____

Rating: ☹ ☆ ☆ ☆ ☆ ☆ 😀

Ingredients

_____   _____

_____   _____

_____   _____

_____   _____

_____   _____

_____   _____

Serves: _____ **Difficulty::** ☆ ☆ ☆ ☆ ☆

Method

_____

_____

_____

_____

_____

_____

_____

Suitable For Freezing: 🌡   Yes / No

Recipe Name _____

Cooking Time: 🕐 _____   **Rating:** ☹ ☆☆☆☆☆ 😃

Ingredients

_____   _____
_____   _____
_____   _____
_____   _____
_____   _____
_____   _____

Serves: _____   **Difficulty::** ☆☆☆☆☆

Method

_____
_____
_____
_____
_____
_____
_____
_____

Suitable For Freezing: Yes / No

Recipe Name _____

Cooking Time: 🕐 _____   **Rating:** ☹ ☆☆☆☆☆ 😃

Ingredients

_____   _____

_____   _____

_____   _____

_____   _____

_____   _____

_____   _____

Serves: _____   **Difficulty::** ☆☆☆☆☆

Method

_____

_____

_____

_____

_____

_____

_____

Suitable For Freezing: 🌡 Yes / No

Recipe Name

_____

Cooking Time: 🕐 _____   **Rating:** ☹ ☆ ☆ ☆ ☆ ☆ 😀

Ingredients

_____   _____
_____   _____
_____   _____
_____   _____
_____   _____
_____   _____
_____   _____

Serves: _____   **Difficulty::** ☆ ☆ ☆ ☆ ☆

Method

_____
_____
_____
_____
_____
_____
_____
_____

Suitable For Freezing: Yes / No

Recipe Name _____

Cooking Time: 🕐 _____   **Rating:** ☹ ☆ ☆ ☆ ☆ ☆ 😀

Ingredients

_____   _____

_____   _____

_____   _____

_____   _____

_____   _____

_____   _____

Serves: _____   **Difficulty::** ☆ ☆ ☆ ☆ ☆

Method

_____

_____

_____

_____

_____

_____

_____

_____

Suitable For Freezing: 🌡 Yes / No

Recipe Name

Cooking Time: 🕐 _____

Rating: ☹ ☆☆☆☆☆ 😀

Ingredients

_____   _____
_____   _____
_____   _____
_____   _____
_____   _____
_____   _____

Serves: _____

Difficulty:: ☆☆☆☆☆

Method

_____
_____
_____
_____
_____
_____
_____
_____

Suitable For Freezing: Yes / No

Recipe Name _____

Cooking Time: 🕐 _____

Rating: ☹ ☆☆☆☆☆ ☺

Ingredients

_____   _____

_____   _____

_____   _____

_____   _____

_____   _____

_____   _____

Serves: _____   **Difficulty::** ☆☆☆☆☆

Method

_____

_____

_____

_____

_____

_____

_____

Suitable For Freezing: Yes / No

Recipe Name _____

Cooking Time: 🕐 _____

Rating: ☹ ☆☆☆☆☆ 😄

Ingredients

_____   _____

_____   _____

_____   _____

_____   _____

_____   _____

_____   _____

_____   _____

Serves: _____

Difficulty:: ☆☆☆☆☆

Method

_____

_____

_____

_____

_____

_____

_____

Suitable For Freezing: Yes / No

Recipe Name

Cooking Time: 🕐 _____

Rating: ☹ ☆ ☆ ☆ ☆ ☆ 😄

Ingredients

_____   _____
_____   _____
_____   _____
_____   _____
_____   _____
_____   _____

Serves: _____

Difficulty:: ☆ ☆ ☆ ☆ ☆

Method

_____
_____
_____
_____
_____
_____
_____

Suitable For Freezing: 🌡 Yes / No

Recipe Name

Cooking Time: 🕐 _____

Rating: 😞 ☆☆☆☆☆ 😄

Ingredients

_____   _____

_____   _____

_____   _____

_____   _____

_____   _____

_____   _____

_____   _____

Serves: _____

Difficulty:: ☆☆☆☆☆

Method

_____

_____

_____

_____

_____

_____

_____

_____

Suitable For Freezing: Yes / No

Recipe Name

Cooking Time: 🕐 _____

Rating: ☹ ☆☆☆☆☆ 😀

Ingredients

_____   _____

_____   _____

_____   _____

_____   _____

_____   _____

_____   _____

Serves: _____   **Difficulty::** ☆☆☆☆☆

Method

_____

_____

_____

_____

_____

_____

_____

Suitable For Freezing: 🌡 Yes / No

Recipe Name ....

Cooking Time: 🕐 ....   **Rating:** 🙁 ☆☆☆☆☆ 😀

Ingredients

_____   _____

_____   _____

_____   _____

_____   _____

_____   _____

_____   _____

Serves: _____   **Difficulty::** ☆☆☆☆☆

Method

_____

_____

_____

_____

_____

_____

_____

Suitable For Freezing: Yes / No

Recipe Name

Cooking Time: 🕐 _____

Rating: ☹ ☆ ☆ ☆ ☆ ☆ 😃

Ingredients

_____   _____

_____   _____

_____   _____

_____   _____

_____   _____

_____   _____

Serves: _____

Difficulty:: ☆ ☆ ☆ ☆ ☆

Method

_____

_____

_____

_____

_____

_____

_____

_____

Suitable For Freezing: Yes / No

Recipe Name _____

Cooking Time: 🕐 _____   **Rating:** ☹ ☆ ☆ ☆ ☆ ☆ 😃

Ingredients

_____   _____

_____   _____

_____   _____

_____   _____

_____   _____

_____   _____

Serves: _____   **Difficulty::** ☆ ☆ ☆ ☆ ☆

Method

_____

_____

_____

_____

_____

_____

_____

_____

Suitable For Freezing: Yes / No

Recipe Name _____

Cooking Time: 🕐 _____   **Rating:** ☹ ☆ ☆ ☆ ☆ ☆ 😀

Ingredients

_____   _____
_____   _____
_____   _____
_____   _____
_____   _____
_____   _____

Serves: _____   **Difficulty::** ☆ ☆ ☆ ☆ ☆

Method

_____
_____
_____
_____
_____
_____
_____

Suitable For Freezing: Yes / No

Recipe Name

Cooking Time: 🕐 _____

Rating: ☹ ☆ ☆ ☆ ☆ ☆ 😀

Ingredients

_____   _____

_____   _____

_____   _____

_____   _____

_____   _____

_____   _____

Serves: _____   **Difficulty::** ☆ ☆ ☆ ☆ ☆

Method

_____

_____

_____

_____

_____

_____

_____

_____

Suitable For Freezing: Yes / No

Recipe Name

Cooking Time: 🕐 _____

Rating: ☹ ☆ ☆ ☆ ☆ ☆ 😃

Ingredients

_____   _____
_____   _____
_____   _____
_____   _____
_____   _____
_____   _____
_____   _____

Serves: _____

Difficulty:: ☆ ☆ ☆ ☆ ☆

Method

_____
_____
_____
_____
_____
_____
_____

Suitable For Freezing: 🌡 Yes / No

Recipe Name

Cooking Time: 🕐 _____

Rating: ☹ ☆ ☆ ☆ ☆ ☆ 😃

Ingredients

_____   _____
_____   _____
_____   _____
_____   _____
_____   _____
_____   _____
_____   _____

Serves: _____   **Difficulty::** ☆ ☆ ☆ ☆ ☆ ☆

Method

_____
_____
_____
_____
_____
_____
_____
_____

Suitable For Freezing: Yes / No

Recipe Name

Cooking Time: 🕐 _____

Rating: ☹ ☆☆☆☆☆ 😀

Ingredients

_____   _____

_____   _____

_____   _____

_____   _____

_____   _____

_____   _____

Serves: _____   **Difficulty::** ☆☆☆☆☆

Method

_____

_____

_____

_____

_____

_____

_____

Suitable For Freezing: 🌡 Yes / No

Recipe Name _____

Cooking Time: 🕐 _____   **Rating:** 😟 ☆☆☆☆☆ 😀

Ingredients

_____   _____

_____   _____

_____   _____

_____   _____

_____   _____

_____   _____

Serves: _____   **Difficulty::** ☆☆☆☆☆

Method

_____

_____

_____

_____

_____

_____

_____

_____

Suitable For Freezing: Yes / No

Recipe Name _____

Cooking Time: 🕐 _____   **Rating:** ☹ ☆ ☆ ☆ ☆ ☆ 😀

Ingredients

_____   _____

_____   _____

_____   _____

_____   _____

_____   _____

_____   _____

Serves: _____   **Difficulty::** ☆ ☆ ☆ ☆ ☆

Method

_____

_____

_____

_____

_____

_____

_____

Suitable For Freezing: 🌡 Yes / No

Recipe Name

Cooking Time: 🕐 _____

Rating: ☹ ☆☆☆☆☆ 😀

Ingredients

_____   _____

_____   _____

_____   _____

_____   _____

_____   _____

_____   _____

Serves: _____

Difficulty:: ☆☆☆☆☆

Method

_____

_____

_____

_____

_____

_____

_____

_____

Suitable For Freezing: Yes / No

Recipe Name

Cooking Time: 🕐 _____

Rating: ☹ ☆ ☆ ☆ ☆ ☆ 😀

Ingredients

_____   _____

_____   _____

_____   _____

_____   _____

_____   _____

_____   _____

Serves: _____

Difficulty:: ☆ ☆ ☆ ☆ ☆

Method

_____

_____

_____

_____

_____

_____

_____

Suitable For Freezing: 🌡   Yes / No

Recipe Name _____

Cooking Time: 🕐 _____

Rating: ☹ ☆ ☆ ☆ ☆ ☆ 😀

Ingredients

_____ _____

_____ _____

_____ _____

_____ _____

_____ _____

_____ _____

Serves: _____

Difficulty:: ☆ ☆ ☆ ☆ ☆

Method

_____

_____

_____

_____

_____

_____

_____

_____

_____

Suitable For Freezing: Yes / No

Recipe Name _____

Cooking Time: 🕐 _____

Rating: ☹ ☆☆☆☆☆ 😀

Ingredients

_____   _____

_____   _____

_____   _____

_____   _____

_____   _____

_____   _____

Serves: _____

Difficulty:: ☆☆☆☆☆

Method

_____

_____

_____

_____

_____

_____

_____

Suitable For Freezing: 🌡 Yes / No

Recipe Name

Cooking Time: 🕐 _____

Rating: ☹ ☆☆☆☆☆ 😃

Ingredients

_____   _____

_____   _____

_____   _____

_____   _____

_____   _____

_____   _____

_____   _____

Serves: _____   **Difficulty::** ☆☆☆☆☆

Method

_____

_____

_____

_____

_____

_____

_____

_____

Suitable For Freezing: Yes / No

Recipe Name _____

Cooking Time: 🕐 _____   **Rating:** ☹️ ☆☆☆☆☆ 😀

Ingredients

_____   _____
_____   _____
_____   _____
_____   _____
_____   _____
_____   _____

Serves: _____   **Difficulty::** ☆☆☆☆☆

Method

_____
_____
_____
_____
_____
_____
_____
_____

Suitable For Freezing: 🌡️   Yes / No

Recipe Name

_____

Cooking Time: 🕐 _____

Rating: ☹ ☆ ☆ ☆ ☆ ☆ 😃

Ingredients

_____   _____

_____   _____

_____   _____

_____   _____

_____   _____

_____   _____

Serves: _____   **Difficulty::** ☆ ☆ ☆ ☆ ☆

Method

_____

_____

_____

_____

_____

_____

_____

_____

Suitable For Freezing: Yes / No

Recipe Name

Cooking Time: 🕐 _____

Rating: ☹ ☆ ☆ ☆ ☆ ☆ 😀

Ingredients

_____ _____
_____ _____
_____ _____
_____ _____
_____ _____
_____ _____

Serves: _____

Difficulty:: ☆ ☆ ☆ ☆ ☆

Method

_____
_____
_____
_____
_____
_____
_____

Suitable For Freezing: 🌡 Yes / No

Recipe Name _____

Cooking Time: 🕐 _____   **Rating:** ☹ ☆☆☆☆☆ 😀

Ingredients

_____   _____

_____   _____

_____   _____

_____   _____

_____   _____

_____   _____

Serves: _____   **Difficulty::** ☆☆☆☆☆

Method

_____

_____

_____

_____

_____

_____

_____

Suitable For Freezing: Yes / No

Recipe Name

Cooking Time: 🕐 _____

Rating: ☹ ☆ ☆ ☆ ☆ ☆ 😄

Ingredients

_____   _____

_____   _____

_____   _____

_____   _____

_____   _____

_____   _____

Serves: _____   **Difficulty::** ☆ ☆ ☆ ☆ ☆

Method

_____

_____

_____

_____

_____

_____

_____

Suitable For Freezing: Yes / No

Recipe Name _____

Cooking Time: 🕐 _____   **Rating:** ☹ ☆ ☆ ☆ ☆ ☆ 😀

Ingredients

_____   _____
_____   _____
_____   _____
_____   _____
_____   _____
_____   _____

Serves: _____   **Difficulty::** ☆ ☆ ☆ ☆ ☆

Method

_____
_____
_____
_____
_____
_____
_____
_____

Suitable For Freezing: Yes / No

Recipe Name

Cooking Time: 🕐 _____

Rating: ☹ ☆☆☆☆☆ 😀

Ingredients

_____   _____

_____   _____

_____   _____

_____   _____

_____   _____

_____   _____

Serves: _____

Difficulty:: ☆☆☆☆☆

Method

_____

_____

_____

_____

_____

_____

_____

_____

Suitable For Freezing: 🌡 Yes / No

Recipe Name _____

Cooking Time: 🕐 _____   **Rating:** ☹ ☆ ☆ ☆ ☆ ☆ 😃

Ingredients

_____   _____

_____   _____

_____   _____

_____   _____

_____   _____

_____   _____

_____   _____

Serves: _____   **Difficulty::** ☆ ☆ ☆ ☆ ☆

Method

_____

_____

_____

_____

_____

_____

_____

_____

Suitable For Freezing: Yes / No

Recipe Name _____

Cooking Time: 🕐 _____ **Rating:** ☹ ☆☆☆☆☆ 😀

Ingredients

_____   _____

_____   _____

_____   _____

_____   _____

_____   _____

_____   _____

Serves: _____   **Difficulty::** ☆☆☆☆☆

Method

_____

_____

_____

_____

_____

_____

_____

_____

Suitable For Freezing: Yes / No

Recipe Name _____

Cooking Time: 🕐 _____   **Rating:** ☹ ☆ ☆ ☆ ☆ ☆ 😀

Ingredients

_____   _____

_____   _____

_____   _____

_____   _____

_____   _____

_____   _____

_____   _____

Serves: _____   **Difficulty::** ☆ ☆ ☆ ☆ ☆

Method

_____

_____

_____

_____

_____

_____

_____

_____

Suitable For Freezing: Yes / No

Printed in Great Britain
by Amazon

37126165R00031